AF410946

UN PUBLICISTE CATHOLIQUE

VIE ET TRAVAUX

DE

J.-B. CARNANDET

ÉDITEUR DES BOLLANDISTES

CHEVALIER DE L'ORDRE DE PIE IX

PAR

MGR FÈVRE

PROTONOTAIRE APOSTOLIQUE

SAINT-DIZIER

PÉROTTIN-CARNANDET, IMPRIMEUR-ÉDITEUR

10, RUE DE LAUNE, 10

1880

IMPRIMERIE GÉNÉRALE DE CHATILLON-SUR-SEINE. — JEANNE ROBERT.

ÉLOGE FUNÈBRE DE J. CARNANDET

9 octobre 1879.

> *Hic venit ut testimonium perhiberet de lumine, ut omnes crederent per illum* [1].
>
> Celui-ci était venu pour rendre témoignage à la lumière et pour que tous crussent par son entremise.
>
> (*Joan.* i.)

Messieurs,

C'est une vérité certaine pour la raison, une loi nécessaire à la vie, que chaque être a sa fonction ici-bas, et que chaque être raisonnable doit répondre à la vocation de la Providence. Depuis le petit atome caché dans les entrailles de la terre jusqu'aux astres répandus dans l'immensité des cieux, il n'y a rien d'inutile à la gravitation universelle ; depuis le plus petit des enfants des hommes jusqu'au monarque assis sur son trône, jusqu'à ces conquérants terribles qui entraînent à leur suite l'humanité, il n'y a pas un homme qui ne

[1]. Ce discours, composé à la hâte, la veille et le jour des funérailles, n'a été prononcé que par fragments, avec les adoucissements et restrictions que demandait la circonstance.

doive, en travaillant à son salut, concourir, par une œuvre propre, au grand dessein de Dieu sur le monde. Les uns, placés au degré inférieur de l'échelle, pourvoient à la subsistance des nations ; les autres, placés sur les échelons intermédiaires, s'appliquent au gouvernement des sociétés ; d'autres enfin, debout sur le sommet de l'échelle, sont, par consécration ou par dévouement, les porte-lumières du genre humain. Ces porte-lumières qui, semblables aux coureurs antiques, se passent de main en main les flambeaux de la vérité, sont les pasteurs du monde, car l'homme ne vit pas seulement de pain, mais de toute parole qui sort de la bouche de Dieu et celui qui le nourrit de lumière, d'amour et de justice, est plus véritablement son père nourricier, que celui qui le nourrit simplement d'une substance matérielle. Or, parmi ces pères nourriciers du genre humain, les premiers sont tels par la consécration de la sainte Eglise : ce sont les prêtres ; les autres, associés volontairement aux prêtres, sont, sous l'habit laïque, avec un dévouement égal, parfois avec un plus grand talent et un plus haut crédit, les témoins de l'Evangile. Dieu se plaît d'ailleurs à en susciter dans tous les temps, et depuis les Lactance et les Justin jusqu'aux Boèce et aux Cassiodore, depuis les Pascal et les Corneille jusqu'aux Bonald, aux de Maistre et aux Montalembert, vous ne trouvez pas, dans cet apostolat de pieux laïques, d'interruption. Le génie les grandit, la foi les pousse, la charité les lance à la conquête des âmes, et ils s'en vont, semant partout la semence, parfois au milieu des larmes ; mais au terme de la carrière, le

champ qu'ils ont labouré se couvre de moissons. L'ouvrier tombe la faucille à la main, mais l'œuvre
rayonne dans toute sa gloire. C'est, pour la catholicité,
un profit ; pour l'Eglise, une nouvelle force ; pour celui
qui a consommé cet ouvrage, un immense honneur.
Et c'est l'éloge funèbre que nous voudrions essayer
en faveur de notre doux maître, Jean-Baptiste Carnandet, publiciste, chevalier de l'ordre de Pie IX,
que la mort vient de frapper debout, lorsque son
esprit déjà abattu, méditait encore de grandes entreprises.

Vous n'attendez pas de moi un discours étudié à loisir. Il n'y a pas, entre le dernier soupir et la tombe,
un temps suffisant pour dessiner avec exactitude les
traits multiples d'une noble physionomie et donner à
ses appréciations l'exquise mesure d'un parfait jugement. Eussé-je pu trouver le temps nécessaire, je ne
me serais point, je l'avoue, imposé le souci d'un tel travail ; il y a ici des oreilles tendres qu'il ne faut point
blesser, des cœurs gémissants dont il ne faut point
aggraver la douleur, même par de justes éloges.
D'ailleurs, en présence de la tombe, nous ne voulons
rien voir de ce que la mort efface ; et s'il ne nous reste
qu'un nom, des ouvrages, des exemples, c'est à cela
que nous devons nous attacher. La seule chose
utile, pratique et chrétienne, en présence de cet appareil des funérailles, c'est donc de formuler les principes, d'après lesquels a agi notre cher défunt ; c'est
de rappeler les œuvres innombrables qu'il a semées
sur sa route ; c'est surtout de nous appliquer à comprendre ses exemples pour nous résoudre enfin à les

continuer. Aussi bien, le plus glorieux panégyrique, c'est que sa vie serve de modèle à la nôtre et que, tout mort qu'il est, le maître revive dans ses disciples.

C'est pourquoi je lui applique les paroles de l'Evangile sur le précurseur : *Hic venit ut testimonium perhiberet de lumine, ut omnes crederent per illum.* Non pas que je puisse lui en faire une application rigoureuse, mais par des rapports d'analogie, par des traits frappants de similitude, vous reconnaîtrez, je l'espère, que Jean-Baptiste Carnandet fut, pour les conquêtes de la foi, par la science, un *précurseur*, et, dans la vie civile, un *apôtre*. Ce mot suffit à sa louange.

Personne, je veux le croire, ne s'étonnera qu'il m'appartienne de lui payer ce tribut. Depuis trente années, j'étais lié, avec le défunt, par une amitié qui, malgré la diversité des caractères, des opinions et des œuvres, n'a jamais connu ni les refroidissements, ni les nuages ; j'étais uni par une confraternité d'armes qui, de son disciple me faisant son compagnon, m'associa à des entreprises dont j'ai, mieux que personne, connu tous les secrets. Je puis les livrer aujourd'hui, Seigneur, car nos vœux allaient tous à votre gloire et au bien de nos frères, et si un vieux lutteur tombe sur l'arène, pourquoi, Seigneur, par la vertu de sa tombe, ne lui susciteriez-vous pas vingt émules pour confesser votre cause et soutenir de plus en plus les saints combats? Hier encore, tel était son vœu ; aujourd'hui telle est mon espérance.

I. — Jean-Baptiste Carnandet était né à Baigneux-les-Juifs (Côte-d'Or), le 20 janvier 1820. Son père était entrepreneur de maçonnerie. L'enfant joua, sans doute plus d'une fois avec le marteau et l'équerre ; il était gai, vif, spirituel ; par ses dispositions d'esprit, grâce au dévouement d'un bon père, il ne devait pas rester dans les carrières du travail mécanique, mais s'élever naturellement à ces travaux de la pensée, où il se complut de bonne heure. Au terme des études élémentaires, il était entré au petit séminaire de Plombières-les-Dijon, où il eut pour condisciples, entre autres, Barnabé Chauvelot, rédacteur de l'*Univers*, qui le précède de quelques jours dans la tombe, et Émile Bougaud, également distingué comme orateur, comme apologiste et comme administrateur du diocèse d'Orléans. Outre les condisciples qui l'excitèrent par la concurrence du mérite, il eut deux amis, deux prêtres, qui influèrent puissamment sur sa destinée : c'étaient l'abbé Poinsel, mort doyen du chapitre de Saint-Bénigne, et l'abbé Morlot, depuis cardinal-archevêque de Paris. De Poinsel, il reçut l'élan ; de Morlot, la mesure ; de tous les deux, cette foi qui ne l'abandonna jamais ; cette régularité de conduite, cette constance modeste d'opinions et de vertu, qui est le trait distinctif de son caractère. Dans le pays natal de Lacordaire, Poinsel était le conférencier en crédit, l'orateur goûté : Carnandet le suivait avec cette intelligence qu'il mettait à toutes choses, et rédigeait, pour rompre sa main de jeune homme, ces beaux cahiers de conférences que retrouveront ses héritiers. Après les heures de travaux, le conférencier et le jeune auditeur se re-

trouvaient aux promenades ; c'est là que le maître
chrétien ouvrait à l'élève tous les horizons du possible,
mais en les agrandissant à des proportions qu'on eût
pu croire impossibles. « L'homme, disait Poinsel, peut
tout ce qu'il veut. Il n'y a rien de difficile en soi ; ou
s'il y a quelque chose de difficile, pour le rendre possible, il suffit de le croire tel. Voulez-vous être orateur ? appliquez-vous fortement à l'éloquence et vous
serez une des voix du siècle. Voulez-vous être écrivain ? prenez une plume, exercez-vous avec constance
et vous serez un maître. Voulez-vous être simplement un homme de fortune, entrez dans une profession et allez de l'avant. Voulez-vous, comme éditeur,
vous mettre au service de l'Eglise, eh ! Baronius, Bol-
land, Mabillon, Duchesne, Rivet, les sainte Marthe, sont
là qui dorment dans la poussière, mais qui sont prêts
à se lever pour rentrer dans nos bibliothèques. Au
retour de la promenade, on allait consulter dans
sa chambre ou écouter au confessionnal l'abbé Morlot.
Morlot était un homme moins spéculatif ; il était un
type de bon sens, de ce vieux sens commun, qui est
si rare, et qu'il possédait de façon à l'élever jusqu'au
génie des affaires. A ce double foyer, entre ces deux
rayons, Carnandet se formait cette nature que vous
avez connue, simple et bonne, décidée et accommo-
dante, mais toujours prête à tenter quelque nouvel ouvrage. On ne saurait s'imaginer la fécondité et la
grandeur de ses desseins. Les œuvres bien conçues lui
tombaient de la tête, comme les odes tombent du
front d'un poète. S'il eût possédé une fortune assortie
à ses conceptions, j'ose dire qu'avec les seuls livres,

émanés de sa création personnelle, nous remplirions
cette église.

Au terme des études classiques, Jean Carnandet, fidèle à la consigne des bons établissements et des soli-
des instructions, avait pris *cum maximâ laude* ses deux
diplômes de bachelier ès-sciences et de bachelier ès-let-
tres. Avec ces deux couronnes de laurier, il avait le
choix des professions. Un instant il s'était cru appelé
à l'état ecclésiastique, et, pour éprouver sa vocation,
était entré au grand séminaire. Epreuve faite du séminaire, il jugea meilleur de rester laïque et étudia la mé-
decine à la faculté de Dijon. La trousse, la boîte à scal-
pels, les gros volumes de science lui convenaient mieux
que les traités de théologie ; mais à cause de sa sensi-
bilité, ne lui convenaient pas encore parfaitement.
Tout en suivant les cours d'histologie et de thérapeu-
tique, il faisait, à des jeunes gens, des cours d'histoire
et se laissait aller lui-même à la tentation de l'étudier
profondément, pour en écrire. C'est de ce côté que Dieu
l'appelait. Entre temps il avait épousé mademoiselle
Joséphine Boutelou, de Nuits, qui l'avait rendu père
de deux enfants. Pendant que le petit André et la petite Jeanne chantaient autour du bureau de leur père,
lui, qui avait, dès son stage de séminariste, fait un
journal manuscrit, s'essayait à d'autres chansons. La
révolution de février vint le surprendre à cet exercice
et le troubler, comme tant d'autres, dans ses affaires.
Mais il n'était pas homme à se décourager dans l'é-
preuve ; il était de ceux qui espèrent aux lendemains
des mauvais jours et, par la patience active, usent la
mauvaise fortune. Au milieu de la bagarre, il s'élança,

comme un bon soldat, sur la brèche. Dans la patrie de
Piron et de Bossuet, il y avait des gens qui suivaient
moins Bossuet que Piron ; dans leur aveuglement vo-
lontaire, ils croyaient plus à la Marianne des rustauds
qu'à la Marie de l'Evangile ; et, pour réformer la société, pensaient à la mettre en l'air, à la bâtir, comme
la cité d'Aristophane, sur les nuées. — Carnandet les
combattit ; fit en les combattant, sa veillée des armes :
eu récompense Dieu vint le prendre par la main et
l'introduisit dans la carrière qu'il ne devait plus quitter qu'à son dernier soupir.

On ne saurait trop admirer combien cette bonne
Providence, qui veille aux destinées des empires,
harmonise, avec leurs révolutions, le sort des plus
humbles hommes, et, sur les ruines, fait fleurir des
destinées. Avec les débris de nos vains efforts, Dieu
prépare des solutions.

II. — En 1849, la France était, comme aujourd'hui,
en république ; comme aujourd'hui, la république
était divisée en deux partis : le parti républicain et le
parti conservateur ; comme aujourd'hui, le parti conservateur se sous-divisait en légitimistes, en orléa-
nistes et en bonapartistes, le parti républicain se sous-
divisait en constitutionnels, en démocrates et en socia-
listes. Mais il y avait des différences d'appréciation,
de situation et de conduite. Le parti conservateur ré-
servait les questions de dynastie, de famille et de mé-
nage ; au lieu de s'annihiler par des compétitions
d'héritages, qui sont ridicules, quand il n'y a pas de
succession ouverte, il marchait comme un seul homme,
contre le communisme et l'anarchie ; il pensait juste-

ment qu'on pourrait se disputer ou se réconcilier, quand il n'y aurait plus autre chose à faire, et la seule chose qu'on voulut poursuivre, c'était au delà de la victoire, l'accord. Le parti républicain avait bien, dès lors, un certain fanatisme de la république, mais il le reléguait au second plan. Le principal objet de ses préoccupations, de ses études, de ses théories, de ses combats, c'était la *question sociale*, entendant, par là, la propriété, le mariage, la famille et l'ordre public que défendaient *mordicùs* les conservateurs. Au-dessus, fort au-dessus des dictateurs engraissés dont le fanatisme de tribune s'éteignait *inter pocula* et devait s'anéantir dans une sédition, on comptait une foule de révélateurs. L'un avait ouvert, au lendemain de février, dans la chambre des Pairs, au Luxembourg, des conférences volcaniques où il développait la devise : *A chacun selon sa capacité*, laissant l'étendue de la capacité à l'arbitraire, non pas du juge, mais de la partie; l'autre, dans des brochures incendiaires essayait de prouver que tous les fruits du travail appartiennent au travail et que les ouvriers, par le seul fait d'une restitution, devaient bénéficier immédiatement de quatre milliards; celui-ci, perdu dans les concepts de la métempsycose, de la *triade* et du *circulus*, laissait nicher, dans sa chevelure ébouriffée, toutes les hirondelles du sophisme; celui-là plus naïf ou plus cru, dogmatisait sur l'innocence des passions et enseignait que le moyen d'en prévenir les écarts, c'était de les permettre. Il s'en trouva un qui, descendant d'un siége de procureur général, rêva de Salente et pour procurer à son pays les délices de l'Icarie, s'en fut, au Texas, mener une brouette, chose qu'il eût bien pu se permettre sans traverser l'Océan. On ne peut imaginer plus grand désarroi des esprits ; et ce désarroi créait un péril.

A Chaumont et dans la banlieue, des bourgeois se rencontrèrent pour le comprendre. Avec un sentiment très-clair du danger, ils avaient le sens très exact des moyens d'enrayer le mal. Au moyen âge pour servir la cause de la civilisation, il fallait fonder églises et monastères ; aujourd'hui, pour empêcher la démolition des monastères et des églises, il faut écrire des livres, propager des brochures, multiplier les journaux. L'objectif de la croisade, ce n'est plus la Palestine, ce sont nos foyers et nos autels ; les croisés ne se bardent plus de fer, ils se contentent de prendre une plume ; les vrais paladins, ce sont les écrivains qui la portent avec le plus de vaillance et les riches chrétiens qui mettent leur bourse au service des productions de la plume catholique. Nos intelligents et zélés bourgeois fondèrent donc un journal ; ce fut l'*Union de la Haute-Marne*. Mais le tout n'est pas de fonder un journal, c'est de l'entretenir ; c'est de trouver un rédacteur habile, chose plus rare que les écus. On s'adressa d'abord à Antony Dinet qui depuis entra dans l'humble magistrature des justices de paix ; puis à Gault, écrivain élégant et nerveux, mais légitimiste, qui vient de mourir presque dans la misère et dont la veuve tend presque la main pour ne pas mourir ; enfin à Carnandet, qui nous arriva un beau matin et que j'eus l'honneur de recevoir à l'arrivée. C'était un beau jeune homme, blond, de taille moyenne, le sourire sur les lèvres, la parole un peu lente, mais la plume alerte, l'esprit ouvert, le cœur simple et bon, tout ce qu'il fallait pour réussir dans le journalisme, pour l'honorer et lui donner crédit. *Meminisse juvat.*

Pendant vingt années, Carnandet fit seul l'*Union de la Haute-Marne.* Articles de fond, entrefilets, correspondances, nouvelles, bulletins de l'agriculture, de l'industrie et du commerce, il excellait à peu près en tout; et sauf les variétés qu'il voulut bien partager avec un jeune clerc, il faisait à lui seul toute sa besogne. Travailler est toujours un mérite; bien travailler est un mérite plus grand encore. Je ne sais pas si, pour bien travailler, il y a une carrière plus difficile que le journal. Essayez de rédiger une nouvelle, vous la tournerez avec beaucoup d'esprit ; rédigez-en une seconde, vous rencontrerez déjà des difficultés; mais si vous vous mettez à une troisième, vous vous apercevrez que, malgré vos efforts, elle ressemblera beaucoup aux deux autres. Mais si, aux nouvelles quotidiennes, vous ajoutez la rédaction d'une correspondance à extraire des racontages des nouvellistes, il vous faudra un très-exact discernement pour ne pas vous laisser surprendre par les exagérations ou abuser par la recherche factice de l'intérêt. Mais si à la correspondance vous ajoutez des articles de fond, il vous faudra une solidité d'esprit, une variété de connaissances, une fixité de programme, une abondance d'aperçus, qui découragent le zèle lorsqu'on y pense. Mais si, aux articles de fond vous ajoutez les bulletins spéciaux et ces mille petits riens nécessaires, utiles, gracieux, parfois superflus, qui complètent la cuisine du journal, vous verrez qu'il est infiniment plus difficile d'être journaliste que d'être auteur.

Composer un article est assurément chose commune; le réussir, c'est autre chose. Il faut un esprit ingénieux et vif, une pensée active et prudente, une plume entraînante et réservée. N'y atteint pas qui veut. Je sais bien qu'on plaisante parfois de ce pauvre article; il faut cependant le respecter. Ce n'est souvent qu'une bulle de savon; mais elle reflète les sept couleurs de l'arc-en-ciel, et, par je ne sais quelle merveilleuse transformation, il en sort des bombes. Dans nos fêtes, on s'amuse volontiers avec des feux d'artifice; dans la presse, il faut en offrir tous les jours; les composer avec l'art savant de l'artificier; et les faire partir en bon endroit, à l'heure propice, devant les sérieux amateurs. Aussi remarqué-je que, dans notre pays où les journalistes pullulent, on n'en compte guère que trois, vraiment forts, Girardin, Veuillot et Proudhon, Proudhon, le titan du socialisme, Veuillot, le vaillant soldat de l'Eglise, Girardin, le grand fricoteur d'intrigues. Il ne faut pas faire de comparaisons inégales; dans sa sphère plus modeste, sur son théâtre restreint, dans un milieu d'autant plus difficile qu'il était plus étroit, Carnandet aussi fut un journaliste. *Anch'io sono pittore.*

Je parle des difficultés professionnelles, que serait-ce si je parlais des difficultés morales? Car enfin, il ne suffit pas d'écrire, et même de bien écrire. A l'habileté de la plume il faut joindre une invincible probité. Vous avez vos bailleurs de fonds qui vous tirent à quatre chevaux; vous avez vos abonnés qui vous fatiguent à qui mieux mieux par des turlupinades; vous

avez la police et les imprimeurs qui vous montrent
en perspective l'amende et la prison ; vous avez les
monteurs d'affaires, les charlatans de toute nature,
les saltimbanques de toute espèce, qui, pour leurrer
les sots et plumer les oisons, s'adressent invariable-
ment au journal. Que deviendra le pauvre journaliste
s'il n'a pas une cuirasse de bronze et un cœur de héros ?
et, s'il fléchit, que deviendra le prestige de son journal ?

Surtout Carnandet resta fidèle à la religion et à
l'Eglise. En rapport avec nombre de personnes, mêlé
un peu à toutes choses, il se montra toujours d'une
foi docile et d'une pratique irréprochable, sans être au-
trement ce qu'on appelle pieux dans le sens qu'a parfois
aujourd'hui ce mot. On pense bien que les tentations
ne lui manquèrent pas. L'empire savait flatter et inti-
mider, menacer et corrompre. Carnandet qui était au-
dessus des séductions et des menaces, pouvait, sans
exagération, se croire le talent nécessaire à des postes
plus importants ; pour y parvenir, il n'eût pas fallu
de grandes complaisances : il s'en abstint toujours et
fut, je le sais, pour son incorruptibilité politique, souvent en butte aux avanies. En dehors des gouverne-
ments, il ne manque pas, en ce siècle, d'hommes qui
croient, sous couleur de raison plus forte, pouvoir se
permettre, envers l'Eglise, certaines libertés qui abou-
tissent toutes à la liberté de la perdition. Homme instruit et esprit libre en toute matière non réglée par
la foi, Carnandet resta toujours pour la foi l'homme
de son *Credo*. Ah ! ce n'est pas lui, croyez-le bien,
qui se fût mis à la remorque de personnages impies

comme des vivandières et lâches comme des loups
repus ; ce n'est pas lui qui eût fait chorus aux misé-
rables inventions de la libre pensée ; ce n'est pas lui
qui eût farci son journal d'anecdotes menteuses et
viles, où l'on injurie sans cesse les religieux et les
prêtres. Oh non ! Carnandet n'eût pas fait cela ; il avait
trop de bon sens et trop d'honneur ; il était trop l'homme
de la science et des lettres ; et n'eût-il pas eu la foi,
que sa droiture l'eût préservé de ces excès dont il faut
toujours s'abstenir, dit Benjamin Constant, parce qu'ils
ne sont, en définitive, que des actes de passions et
des marques d'ignorance.

Carnandet eut ce mérite et cet honneur. Pendant
vingt années, bien que surveillé de très-près, il n'eut
pas un seul procès ; pendant vingt années, il sut in-
téresser sa clientèle d'abonnés ; pendant vingt années,
il exerça, sur l'opinion publique, pour le bien du pays,
une réelle magistrature. Ce que le baron Lesperut
était dans la politique, Carnandet l'était dans la presse.
Par tempérament, par conviction, par vertu, par
clairvoyance, par habileté, ils n'étaient ni hommes
de gouvernement, ni hommes d'opposition. Ce que
l'empire avait de sage, ils le défendaient ; ce que l'opposition apportait de juste, ils ne le rejetaient point.
Le vrai, le bon, le bien étaient l'objectif de leurs efforts ; ils prenaient leurs principes, leurs règles, leur
méthode dans la foi et la conscience chrétienne ; avec
la boussole de la modération et le sens pratique des
affaires, ces deux hommes furent les directeurs de
l'esprit public et les bienfaiteurs du pays. On peut
dire que s'ils étaient restés tous les deux sur la brèche,

les aventuriers n'eussent fait ni fortune, ni figure; le
pays ne se serait point laissé tromper; ou, s'il eût flé-
chi malgré leur résistance, on peut le crier sur les
toits, ce n'est pas eux qui, par fatuité étourdie, par
peur, par ambition, se fussent enrôlés dans les bandes
des triumvirs.

III. — Journaliste, Carnandet l'était dans l'âme; il
l'était surtout par le désintéressement de la profession
et par une admirable entente des ressources qu'elle
peut fournir. Des journalistes, il y en a de deux sortes:
les journalistes qui servent leurs principes; les journalistes qui servent leurs intérêts. Les journalistes qui
servent leurs intérêts, pactisent avec les partis, ma-
quignonnent avec les idées, parfois se vendent au
poids de l'or, ou, s'ils ne poussent pas jusque-là le
cynisme, se rattrapent sur de petits profits, de petites
complaisances, de petites cajoleries, moyennant quoi
ils s'enrichissent en se faisant mépriser. Les journalistes qui servent leurs principes, défendent gratuite-
ment les intérêts de leur parti, négligent noblement
tous les petits profits de la profession, se sacrifient volontiers pour la cause qu'ils défendent, et meurent
pauvres. Tel fut J. Carnandet : il ne compta jamais
avec la fortune; lorsqu'il fut devenu plus pauvre,
malgré toutes les inclinations qui pouvaient lui persuader le repos, il voulut travailler davantage. Non
seulement, il ne fut jamais à vendre, mais il ne voulut
pas se laisser acheter. Je dirai plus, on l'estimait
tant qu'on ne lui en fit même pas l'offre, lorsqu'on
avait le plus besoin de son concours ou de son si-
lence; et, ce qui étonnera, c'est que ses adversaires,

qui le connaissaient bien, lui conservèrent toujours leur estime ; tandis que des hommes dont il avait servi les intérêts ne lui rendirent même pas toujours une parfaite et délicate justice. J'achèverai ce jugement en citant un trait.

Dans l'ardeur de son zèle, il voyait plutôt la fin que les moyens et négligeait même parfois de s'assurer des moyens pour courir plus vite à la fin. Une somme qui lui était due venant à lui manquer, le chagrin de ne pouvoir faire honneur à quelques billets, chagrin dont il ne s'ouvrit à personne, fut l'épine qui lui déchira le sein. Tous cherchent leurs intérêts ; désintéressé pour lui-même, il ne cherchait, lui, que les intérêts de l'imprimerie catholique, du journal militant et de la propagande antirévolutionnaire. C'est pourquoi, se voyant ainsi traité, rejeté malgré sa supériorité incontestable et son zèle très-pur, il meurt martyr de son dévouement, percé de l'épine, non pas au front, mais au cœur. C'est un titre de plus à notre vénération.

Sans prévision des jours mauvais, Carnandet s'adjoignit de bonne heure le service des revues. Rédacteur de l'*Union de la Haute-Marne*, il faisait là le coup de feu et la guerre de broussailles. Mais il y a dans la presse beaucoup d'autres armes que le mousquet de voltigeur. Dans l'armée de terre, outre l'infanterie, on a la grosse cavalerie et l'artillerie ; dans l'artillerie, on a le canon de campagne, le canon de montagne et les pièces de siége. Il y a des systèmes de charge et de rayure ; des façons d'obus, de biscaïens, de boîtes à balles. Dans la marine, de la petite barque

au vaisseau de haut bord, au vaisseau à cuirasse de
fer, il y a également des systèmes de canons, de construction et de blindage. De nos jours, on a inventé
de petits monitors qui voyagent à demi sous l'eau, des
torpilles qui s'établissent au fond des mers et font, à
un moment, sauter les plus gros navires. Si l'art mi-
litaire est poussé à ce point de perfection, à ce raffi-
nement de puissance destructive, j'étonnerai peut-
être, mais le fait est certain : la plume est plus forte
que tous les glaives, que tous les canons, que tous les
systèmes de construction et de stratégie. Un journaliste qui comprend son métier et qui sait réussir,
s'adjoint toujours, s'il est homme de doctrine, des
revues où il expose plus savamment ses principes,
détaille la logique de son programme, institue des
polémiques savantes et ne néglige rien pour empor-
ter les âmes par la conviction. A tout prendre, c'est
ce qu'on peut faire de mieux. Car enfin si infirme
que soit l'homme, si molle que soit la multitude, il
ne lui plaît pas longtemps de s'abandonner aux passions et de marcher dans les ténèbres. On doit
donc toujours lui préparer des flambeaux et les lui
offrir avec d'autant plus d'instance, qu'elle paraît
vouloir plus s'enfoncer dans les abîmes. En fin de
compte, quand on a raison, on a toujours plus raison
qu'on ne croit ; et lorsqu'on n'abandonne pas la vérité, on finit toujours par rallier les consciences.

Dans cet espoir, notre maître fonda successivement
la *Revue du mouvement catholique*, revue mensuelle
qui parut trois années; l'*Ecole de Nazareth*, journal
destiné aux enfants chrétiens, qui parut également

trois années donnant des cours de religion, de morale, d'histoire, de botanique; la *Semaine religieuse de Langres*, revue hebdomadaire dont nous publiâmes ensemble les huit premiers numéros, ayant, pour collaborateurs peu appréciés tous les Pères de l'Eglise; l'*Indépendant* de Chatillon, journal que Carnandet publia pendant son passage à Aisey-sur-Seine; le *Bulletin des Comices agricoles*, revue consacrée aux travaux des jardins et des champs; l'*Exposition*, revue hebdomadaire consacrée au concours régional dont MM. Carnandet, Girardot et Haas eurent l'esprit de faire une exposition pour toute la France; le *Courrier de la Champagne*, journal que Carnandet fonda en arrivant à Saint-Dizier; le *Bulletin des forges de Champagne*, revue hebdomadaire consacrée à la défense de la métallurgie champenoise et du travail national; les *Annales de l'archiconfrérie réparatrice*, revue mensuelle, mise au service de l'œuvre de l'archiconfrérie créée par Pie IX, œuvre surnaturelle que le grand pontife appelait à sauver l'ordre social.

Entre temps Carnandet livrait au public une *Géographie historique, statistique et industrielle de la Haute-Marne*, ouvrage précieux dont il serait facile de donner une excellente édition [1]. De plus, il mettait sa plume de biographe, au service de glorieuses mémoires; il célébrait les Lesperut, les Godard, les Darboy, les Morlot, tous plus ou moins ses amis et dont le grand mérite honore son souvenir.

Si vous ajoutez, l'une à l'autre, toutes ces revues,

1. On la ferait parfaite en reproduisant l'exemplaire annoté par M. Jules Marchal, juge de paix à Bourmont.

vous obtiendrez un chiffre énorme de feuilles publiées ;
si vous vous demandez de quel talent il fallait être
doué pour les servir, vous resterez confondu ; mais
si vous ajoutez qu'il fut seul à les concevoir, souvent
seul à en effectuer la rédaction, vous admirerez la
souplesse de son talent, non moins que l'esprit vraiment sacerdotal qu'il mit dans la presse. On peut dire
qu'il se crucifia à la plume.

Mais je n'ai rien dit encore.

IV. — Journaliste et journaliste excellent, Carnandet était déjà l'un des habitués de la bibliothèque
publique. Compatriote de Peignot, ami de Téchener,
il joignait à l'amour de l'étude, le goût délicat d'un
ami des livres. A ce double titre, il devint bibliothé-
caire de Chaumont-en-Bassigny, associé, je crois, au
vieux père Dardenne, l'un des bienfaiteurs de mon
enfance, et bientôt son successeur. Dans cette profession, il comprit ses devoirs, comme il savait les
comprendre partout, non pas en dragon qui garde les
pommes d'or, mais en propagateur des bonnes choses. Bientôt membre de la société des gens de lettres,
académicien de la religion catholique à Rome, corres-
pondant du ministère de l'Instruction publique, il
justifia tous ces titres par de nouveaux services. Qu'il
me soit permis d'entrer ici dans quelques détails.

Depuis trois siècles, l'histoire est une conspiration
contre la vérité. Depuis cent ans surtout, c'est à qui se
ruera avec le plus aveugle fanatisme sur les siècles
anciens de notre histoire. Pour ces partisans forcenés
de la société moderne, le monde commence à 89 ; au
delà, les siècles qu'ils ignorent sont des siècles de té-

nèbres ; pour se dispenser de les étudier, ils les trempent dans l'infamie de romans pleins de mensonges et vouent nos aïeux à l'exécration. Que le monde évolue sans cesse dans ses formes, je le sais ; que la France ait passé, depuis ses origines, par d'utiles transformations, je l'ai appris ; qu'en 89, il y ait eu lieu à d'importantes réformes et à de nécessaires améliorations, je ne dispute point ; qu'aujourd'hui même il faille rogner les ongles de la propriété bourgeoise, c'est fort possible. Mais pourquoi, au nom des progrès actuels, fermer les yeux sur les progrès antérieurs, et, par aveuglement passionné, nous interdire la science ? Mais comment comprendre un peuple assez peu fier pour que les enfants se fassent un titre d'honneur de diffamer leurs ancêtres. Le passé n'a été ni sans intelligence, ni sans vertu, ni sans honneur ; et si nous comprenions mieux notre héritage de gloire, nous saurions qu'il y a mieux à faire que d'insulter nos blasons.

Cela est triste, mais il y a pire. Si notre histoire est diffamée, il y a moyen d'en restituer les annales ; nous possédons d'immenses dépôts de livres, nous possédons surtout d'innombrables archives. Ces archives il faut les compulser, en dresser les inventaires, en tirer les pièces inédites. Or, à une époque peu éloignée de la nôtre, les historiens en vogue, sans contester précisément l'utilité des recours aux sources, en neutralisaient les effets par les vues systématiques auxquelles ils subordonnaient l'histoire ; et les hommes d'administration, par l'exclusivisme étroit d'une instruction trop spéciale, contestaient même l'utilité des dépenses consacrées à l'entretien des dépenses d'archives. Dans le beau feu de la première heure, Carnandet s'était mis à dresser ces catalogues de pièces rares et curieuses qu'il jugeait important de publier. Lorsqu'il s'adressa au conseil du département pour solliciter des subsides, un général, justement célèbre, mort depuis les désastres de 1870, lui répondit tout uniment qu' u lieu de vulgariser ces pièces, il vaudrait mieux les brûler. Brûler nos archives, c'était, pour ce brave officier, le secret d'éclairer le monde. Procédé appliqué depuis par les communards, presque à la même intention, mais qui n'en vaut pas mieux pour être admis par des hommes placés aux deux pôles du monde social. Brûler n'est pas éclairer.

Carnandet se dit alors que si les corps publics refusaient leur assistance, il fallait créer, dans le monde instruit, les courants d'une opinion favorable et amener les éditeurs. Pour y réussir, il prit le moyen ordinaire de son prosélytisme, il fonda la *Haute-Marne*, revue non politique, consacrée à l'étude savante des antiquités départementales. Puis il publia des livres de formats divers et de volumes différents, mais tous destinés à tirer de nos archives, des parcelles d'or et à illustrer notre histoire. C'est dans cette gamme et sur ce ton qu'il livra successivement au public, les *Périodiques de la Haute-Marne*, nomenclature historique des journaux publiés depuis 89 ; *Saint Hiro*, nom défiguré de saint Irénée, évêque de Lyon, qu'on associait sans titre à saint Bénigne, du moins pour le faire venir dans notre pays ; une notice sur le bréviaire d'Abailard et sur les livres liturgiques

conservés dans l'église Saint-Jean-Baptiste de Chaumont ; la *Vie et passion de M. saint Didier*, troisième
évêque de Langres, par Guillaume Flameng, publi-
cation qui lui attira une récompense de l'Institut ; *le
trésor des pièces rares et curieuses de la Champagne et
de la Brie*, précieuse collection de documents pour
l'histoire de ces deux provinces ; une notice sur Edme
Bouchardon, les lettres de Seb. Zamet, et les *Lettres du
P. Barbe*. Carnandet eût poussé beaucoup plus loin s'il
eût obtenu la faveur du public. Mais, par un préjugé que
les gens de bien partagent avec les méchants, nous ne
sommes pas venus encore, dans notre France, comme
dans la savante Allemagne, à apprécier, selon leur va-
leur, nos documents historiques. Nous les tenons pour
vieux papiers, c'est-à-dire pour choses inutiles. Mais
un temps viendra où nous les considérerons, à juste
titre, comme un dossier de famille, comme un armo-
rial de noblesse. Ce jour-là nous obéirons à un sentiment dont l'inspirateur, dans notre pays, fut le docte
et laborieux Carnandet.

V. — Publier des pièces d'archives, ce ne fut pas
assez pour son zèle ; il roulait dans sa tête de plus
grands desseins, des desseins tels que n'en avait
conçu personne depuis cent ans ; il en fit part au public, qui s'étonna de sa hardiesse et hésita un instant
à le suivre ; mais telle était sa confiance, tel fut son
élan qu'on finit par s'engager à sa suite. Quant à lui,
tranquille au milieu de telles entreprises, il poursui-
vit, avec une foi inébranlable, ces œuvres de géants.

Vous me demandez de quoi je veux parler : c'est
m'obliger à jeter, sur le passé, un coup d'œil rétros-

pectif et à dresser la nomenclature des grandes choses
dues à l'initiative ou à l'influence de Carnandet.

Au xviiie siècle, en France, les philosophes se di-
saient partisans du progrès des lumières, don-
nant à entendre, par là, que l'Eglise n'avait pas
concouru à leur glorieuse propagation. Cette insi-
nuation perfide était le contraire de la vérité. La vérité
est que l'école et le livre sont la création spéciale et
l'œuvre préférée de l'Eglise. C'est l'Eglise qui a con-
servé tous les chefs-d'œuvre de l'antiquité ; c'est
l'Eglise qui, pendant quinze siècles, a dressé tous les
monuments de l'esprit humain ; c'est l'Eglise qui,
depuis trois siècles fait marcher, à côté de l'approfon-
dissement de ses dogmes, l'étude synthétique de
toutes les sciences. Mais enfin, puisqu'on lui repro-
chait quelque chose, il y avait un moyen de justifier ces
reproches, c'était de faire plus et de faire mieux. Or,
savez-vous ce que tentèrent les disciples des philosophes, lorsqu'ils furent devenus, pour le malheur du
pays, ses maîtres? D'abord ils fermèrent les écoles, en
attendant qu'ils en fondassent de nouvelles ; éteindre
les foyers séculaires de la science chrétienne, ce fut
leur manière d'éclairer le genre humain. Comme
pour ajouter aux attentats la dérision, ils dressèrent
de magnifiques plans, de splendides programmes qu'ils
se promettaient de réaliser plus tard, mais ils ne
fondèrent rien, rien, rien, par la raison très-sim-
ple que rien ne s'improvise moins qu'une école.
Ensuite ils firent main basse sur nos immenses bibliothèques et en firent quatre parts : une part qu'ils
entassèrent dans les chefs-lieux de département, ou

ces livres pourrissent, abandonnés des lecteurs vul-
gaires, consultés par quelques rares prêtres, trop
souvent négligés par les administrations municipales ;
une partie qu'ils vendirent à l'étranger et qu'on
retrouve dans les bibliothèques de Londres, d'Oxford,
de Cambridge, de Vienne, de Kiel et jusqu'à Saint-
Pétersbourg ; une part qu'ils mirent en vente parmi
nous et qui furent ramassés lestement par les seules
personnes qui s'occupent de livres, par les prêtres ;
une part dont ils fabriquèrent des cartouches et des
gargousses pour les guerres qu'ils eurent à soutenir
pendant vingt-cinq ans. Nos livres et nos archives vo-
lèrent avec la mitraille, sur les armées de l'Europe.
Un orage de fer et de feu remplaça la pacifique propagation des sciences. D'un côté, destruction d'écoles
et de bibliothèques ; de l'autre, extermination du genre
humain : tel fut le bilan des progrès philosophiques de
la science.

A l'aurore de ce siècle il n'y avait presque plus de
livres en France.

Depuis 1815 jusqu'à 1840, il s'était fait de nom-
breuses entreprises, toutes catholiques, pour suppléer
à notre défaut de livres. Les Mellier, les Parent-
Desbarres, les Lebel, les Périsse, les Gaume, s'étaient
appliqués avec le plus noble courage, à cette œuvre
de résurrection. Dans sa petite ville de Chaumont, du
fond de sa petite bibliothèque, Carnandet voulut ap-
porter à l'œuvre, son grain de sable. Ce grain de
sable, ce fut un monde. Ce grain de sable, ce furent
les cinquante-huit volumes in-folio des Bollandistes,
les trente-quatre volumes in-folio de Baronius, les

vingt-deux volumes in-folio du Recueil des historiens de France, les quinze volumes in-folio de la *Gallia christiana*, les vingt-cinq volumes in-quarto d'histoire littéraire et d'hagiographie, tous ouvrages publiés par les soins de Carnandet ou sous son inspiration pressante. Si l'on plaçait les uns sur les autres les in-folio et les in-quarto édités par notre cher défunt, on érigerait à sa mémoire une colonne plus intéressante, plus glorieuse, j'ose dire, que la colonne de la place Vendôme. Car enfin cette colonne de bronze, autour de laquelle les victoires se roulent en spirales et que domine la statue de Napoléon, cette colonne ne rappelle que la ruine des peuples, d'inutiles victoires, du sang versé, et l'on a pu dire que si tout ce sang était amené sur la place, Napoléon pourrait sans se baisser en boire. La glorieuse pyramide de livres ne représente, au contraire, que les créations d'une pensée pacifique ; elle ne rappelle que les flots d'or qu'elle fit couler dans les mains des ouvriers et les rayons de lumière qu'elle verse sur les têtes blanchies par la science.

On ne saurait assez louer la part que prit, par ces publications, Carnandet, pour le grand œuvre de la civilisation, et spécialement pour la réforme du clergé. Les prêtres ont toujours possédé une bibliothèque : le livre est leur outil nécessaire, la source où ils viennent puiser, le foyer où ils viennent emprunter la flamme. On pourrait donc dire : Tant vaut le livre, tant vaut le prêtre. Or, les bibliothèques dispersées par la révolution, ne se reformèrent que difficilement au Concordat. Les vétérans du sanctuaire ne possédaient, il y a trente ans, guère que des livres dépareillés, vieillis et presque sans application aux temps nouveaux. A la mort des vieux, les livres passaient entre les mains plus jeunes, et devenaient, en vieillissant davantage, plus stériles encore. Ce n'est qu'à partir de 1840, qu'on vit se répandre des livres composés par des docteurs de notre siècle, pour l'usage du clergé contemporain et le bien des populations. A partir des grandes publications des Migne, des Vivès, des Carnandet, des Palmé, des Guérin, des Lecoffre, nous n'avons presque plus de vœux à former. Nous possédons non seulement les livres nécessaires, mais encore les livres utiles pour toute espèce d'étude. Nous aurons, sans doute, à suivre le courant et à produire un progrès; nous n'y manquerons pas, nous renouvellerons, et bientôt, tout l'état présent de la science ecclésiastique. Mais ces renouvellements, ces progrès, ces conquêtes, nous les devons aux magnifiques créations de notre patriotique et pieuse librairie.

Je dis *patriotique* et j'ai parlé, tout à l'heure, du profit qu'en devait tirer la civilisation. C'est par la science, en effet, qu'on produit les clergés puissants et c'est par les clergés puissants qu'on crée ou qu'on régénère les grands peuples. Jetez un regard sur l'histoire. Pourquoi Charlemagne est-il si grand? C'est parce qu'il fut un créateur d'écoles et un inspirateur de livres? Pourquoi le xiiie siècle est-il si beau? C'est parce qu'il fonda de grandes Universités. Pourquoi le xviie siècle brille-t-il en France d'un si vif éclat? C'est parce que, à côté des anciennes écoles, il établit des

séminaires, des pépinières de prêtres savants qui éle-
vèrent à leur niveau la nation. L'école et le livre, non
pas tel quel, mais l'école chrétienne, mais le livre
chrétien, voilà les sources où le soleil de la civilisation
puise ses rayons et ses flammes. Et puisque le livre
joue un tel rôle, puisqu'il exerce une telle influence,
je dois dire que Carnandet a été l'un des bienfaiteurs
du clergé, l'un des bons ouvriers de la civilisation.

VI. — Les livres ne suffisaient pas à l'activité et au
zèle de Carnandet. Avec le sens exact et empressé qui
le distinguait, il avait toujours pensé à créer des œuvres pour le bien du clergé et des fidèles; il avait
dressé vingt programmes; il avait même essayé de
réaliser une œuvre de Saint-Bernard pour la création
de bibliothèques ecclésiastiques et de chapitres savants. Lors donc qu'il vit les congrès catholiques se
réunir, les cercles catholiques s'ouvrir aux ouvriers,
il comprit tout de suite les consignes de la Providence. Bien qu'il fût prématurément usé par le travail,
bien qu'il fût déjà, par sa mauvaise santé, arraché de
force aux préoccupations du bien public, il se donna
tout entier et c'est à ces créations de la charité chrétienne qu'il dépensa ses derniers efforts.

Personne n'ignore combien notre société, soi-disant
pleine de lumière et de conquêtes scientifiques, est
pleine aussi de misères et de souffrances. Sous ce dernier rapport, ce qui la caractérise, c'est l'instabilité
des institutions et la division entre les personnes. A
la fin du dernier siècle, la bourgeoisie crut faire mer-
veille en expropriant la noblesse et le clergé, en s'ap-
propriant les propriétés des établissements charitables,

laissant, au surplus, la liberté du travail pour arme aux mains de l'ouvrier. Dans les premières années du siècle, on ne s'aperçut pas des maux que devait engendrer ce changement d'état. Les ouvriers ne manquaient pas de travail, les riches jouissaient en paix de leur récente et facile fortune. Tout était pour le mieux dans le meilleur des mondes.

Un peu plus tard, les années de disette, les crises financières et industrielles, les agitations politiques, les innovations économiques, l'invention des machines, les variations du protectionisme et du libre échange, les frais croissants des budgets d'Etat amenèrent, pour le travail, des privations fréquentes et cruelles. On s'inquiéta d'abord, on se plaignit, puis on se mit à réfléchir sur les causes de ces catastrophes. Alors les esprits se partagèrent entre trois systèmes : les uns pensèrent qu'il fallait revenir au système corporatif d'avant 89 ; les autres qu'il fallait s'en tenir bourgeoisement à la maxime du *chacun chez soi, chacun pour soi* ; d'autres enfin, qu'il fallait faire meilleure part au travail en diminuant les prélibations du capital. Les disciples des deux premières écoles se bornèrent à des enquêtes pacifiques ; mais les économistes révolutionnaires ne le prirent pas sur le même pied. Dans l'ardeur de leur charité sauvage, sous couleur de venir en aide à l'ouvrier, ils attaquèrent violemment la propriété, le mariage, la famille, la transmission héréditaire des biens et surtout le revenu de l'argent. Aujourd'hui, sous des noms différents, ils veulent réduire la pièce de cinq francs et le billet de banque à n'être plus que des images et des médailles pour amuser les grands enfants. En dissimulant le mieux qu'ils peuvent le radicalisme de leurs réformes, ils montent à l'assaut de la société, dont ils veulent, disent-ils, la liquidation. La société, pour eux, est en faillite; il faut déclarer la banqueroute et nommer les ouvriers syndics.

Les catholiques n'entrent pas dans ces doctrines d'aventures; s'ils repoussent vigoureusement les éternels ennemis de l'ordre social, ils ne réprouvent guère moins les doctrines plus pacifiques, mais trop accommodantes, qui ne veulent que justifier l'orgueil et codifier l'égoïsme. Pour eux, hommes pratiques par excellence, ils se bornent à penser que l'économie parfaite de la société doit résulter d'une parfaite observance des préceptes de l'Evangile. En attendant qu'il plaise aux hommes de se rendre heureux en se rendant vertueux, ils parcourent avec attention les sphères juxtaposées de l'ordre social. S'ils trouvent une misère, ils la soulagent; s'ils rencontrent une plaie, ils entreprennent de la cicatriser; s'ils découvrent une aspiration à régler ou une œuvre à entreprendre, ils ne reculent point. Dans des congrès fraternels, ils étudient toutes les questions obscures ou controversées, mais importantes. Dans les cercles, ils poussent les ouvriers aux applications heureuses. On chercherait vainement une bonne œuvre qu'ils négligent ou un problème qu'ils puissent oublier.

Carnandet, ai-je dit, s'était enrôlé de bonne heure dans l'œuvre connexe des cercles et des congrès. Il y a deux ans, il était à Chartres; l'an dernier, à la fin de décembre, il présentait encore, sur l'œuvre de la réparation, au congrès de Lille, un rapport. Seulement comme ses forces ne suffisaient plus à sa pensée, il voulut bien communiquer, à un disciple, ses propres idées; le disciple les traduisit en langue de la science chrétienne, et le rapport fut reçu aux acclamations du congrès.

Dès lors, il ne fit plus que languir. Ce terrible travail de la pensée qui use, sans les exercer, tous les organes et décolore en un clin d'œil la fleur de la vie, l'avait tellement épuisé qu'il succombait partout à la fois. Le cerveau ne concevait plus qu'avec lenteur; les yeux avaient perdu leur rayon visuel; la bouche était presque impuissante à exprimer les conceptions de l'esprit; et sur le visage, à peu près sans énergie, se multipliaient, avec une rapidité effrayante, les signes de la sénilité. Cependant l'estomac avait presque cessé ses fonctions; et le cœur, par des palpitations fréquentes et douloureuses, annonçait qu'il cesserait bientôt de battre. Carnandet se voyait mourir, ou plutôt mourait tous les jours; mais il mourait sans murmure; il mourait sans se désaffectionner des intérêts de la religion; dans ses disgrâces personnelles, il n'avait même guère d'autre souci. Brave ouvrier du Seigneur, déjà mourant, comme un autre Mathathias, il prêchait encore la guerre sainte.

Au retour d'un voyage, inspiré par l'amitié et rendu utile pour l'étude, je le visitais vendredi dernier. Venu de Reims à Saint-Dizier sur le coup de midi, je comptais déjeuner en courant avec mon vieux maître et repartir au plus vite pour conférer, le soir, dans un in-

térêt de presse, avec le vénérable père [1] d'un soldat
tué au champ d'honneur. Notre cher défunt ne voulut
point me laisser partir, non qu'il pressentît sa mort,
mais il voulait m'entretenir des affaires de l'Eglise,
et, par le fait, il me remettait son testament. Je me
rappelle quels gracieux arguments il déduisait pour
me retenir; il n'en avait pas besoin pour remporter
cette facile victoire; je savais trop ce qu'il y avait à
gagner dans ses conversations et je me plaisais trop
à m'enrichir de ce que je pouvais considérer comme
ses *novissima verba*. Nous causâmes donc toute la
soirée, à dîner, et même assez avant dans la nuit. Le
vieux journaliste, dont l'œil n'avait pas cessé de voir
d'avance, de parcourir avec inquiétude les avenues de
l'avenir, découvrait les menaces de la situation, et
s'étonnait surtout de l'apathie de ces pauvres bourgeois qu'elle menace de prendre pour victimes. Sous
le couvert d'une guerre à l'Eglise, il montrait une
campagne habilement menée contre l'ordre social;
dans la persécution des religieux et le rappel des communards, il voyait la préface d'une nouvelle Commune;
par contre, dans la défense nécessaire des religieux
persécutés, il offrait un moyen efficace de défendre la
civilisation chrétienne et tous les intérêts menacés.
« Mais voyez, ajoutait-il sans amertume, ces bourgeois que leur intérêt presse de défendre l'Eglise, ne
veulent même pas de la religion. Etrange logique ou
plutôt déraison inimaginable. Il y a un Dieu au-dessus
de nos têtes; ce Dieu a parlé au monde; sa bouche a

1. M. Ravelet, père de M. Armand Ravelet, mort rédacteur en chef
du journal *le Monde*.

rendu les oracles de la vérité, de la vertu, de la justice ; et, si la civilisation n'est pas un vain mot, il faut
rattacher ses ancres au ciel, enfler ses voiles avec le
souffle d'en haut. Mais défendre son coffre-fort en
abandonnant le clocher ; mais vouloir couvrir les
foyers en trahissant les sanctuaires, non, non, ce n'est
pas possible ! » Et comme je lui exprimais mon dessein de m'adresser à la bourgeoisie, du moins à la
portion intelligente de cette classe prépondérante dans
la société moderne, il me souhaitait le succès, mais
pas sans se permettre d'en douter un peu. Toutefois,
il ne désespérait point, il voyait de bonnes chances ;
il me citait, avec une confiance parfaite, les noms des
André de Cousance, des Lemut du Closmortier, des
Louis de Hédouville d'Eclaron, les Malgras, les Jean-
nin, les Lescuyer, des Ravelet, hommes qu'il disait
très-décidés à ne point courber le genou devant
Baal ; il me proposait même de les réunir en faisceau,
disant avec un dernier rayon de gaieté, que quatre
hommes et un caporal, quatre volontaires pieux et un
prêtre résolu, pouvaient valoir une armée.

Il n'est plus. Le soldat, que nous avons vu tant
d'années dans la lice, vient de tomber aux avant-pos-
tes en levant son drapeau. L'âme du défunt, bien que
surprise par la mort, avait été trop prudemment sanc-
tifiée par la pratique chrétienne et trop tristement pu-
rifiée par la douleur pour que nous n'ayons pas, de
son salut, une pleine espérance. Les restes inanimés
de ce qui fut son corps, sont là sous ces voiles funè-
bres demandant et offrant une dernière bénédiction. Je
les vois environnés de cierges lumineux : vous con-

naissez le rite pieux de ce symbolisme : il me semble
que de ces cierges allumés nous pouvons faire des armes. Je salue d'ici les amis inconnus que me lègue
cette tombe et je les convie à se presser autour de ce
cercueil pour s'y fournir de lances.

Lorsque César tomba sous le poignard de Brutus,
un lieutenant du vainqueur de Pharsale et de Munda,
montant à la tribune aux harangues, déroula, devant
le peuple assemblé, la toge sanglante du dictateur.
Pour tout discours, il compta les coups qu'il avait re-
çus, et le faisant parler par la bouche de ses blessures,
avec l'éloquence du sang versé, souleva le peuple contre les assassins. La multitude, pressée au forum,
s'arma de brandons ravis au bûcher qui consumait le
cadavre meurtri de César, et, se répandant par la
ville, fit fuir les sicaires dans les provinces. Par la résolution du peuple, le parti qui venait de perdre son
chef, remporta une pleine et durable victoire.

Nous pouvons profiter de ce souvenir, non pour tirer vengeance, mais pour nous préparer une de ces
victoires où les vaincus sont aussi vainqueurs. Un
gros roi, tourné en dérision, se flattait de faire ses re-
levailles avec dix mille lances en guise de cierges;
nous, pour nous relever de nos défaites et conjurer
les pires abaissements, nous trouverons, ici, assez de
cierges, pour former nos lances. Que Carnandet soit
pour nous un martyr de la plume; et que les brandons de ses funérailles deviennent des armes triom-
phantes à l'envi des plus belles victoires.

Nous pouvons l'espérer. Je dirai même que nos
Ecritures fourmillent d'exemples pleins d'encourage-

ments, pour hâter l'acco mplisse ment de ces espé
rances.

Lorsque Josué méditait d'entrer dans la terre pro-
mise, ses envoyés en Palestine lui rapportèrent que
les indigènes étaient des hommes de dix pieds, des
hommes forts et vaillants, devant qui les enfants de
Juda n'étaient que des sauterelles. Josué ne se laissa
point décourager par ces renseignements. Pour toute
harangue, il rappela au peuple la volonté du Seigneur et entra dans la terre de promission. La victoire, assurée à la foi, ne manqua point; les enfants
de Moab et d'Ammon furent passés au fil de l'épée.
Une ville cependant restait debout, dernier rempart
du vaincu, mais qui gardait l'espoir de relever sa fortune. Josué divisa ses hommes d'élite en petits esca-
drons; il leur mit entre les mains des lampes et aux
lèvres des clairons; ils firent, sept jours de suite le
tour des remparts de Jéricho, pendant que le peuple
priait et se mortifiait pour assurer mieux leur triomphe. Jéricho tomba aux mains de Josué; mais Josué,
ne l'oublions pas, l'avait emporté avec des clairons et
des lampes. Les clairons de la presse, les lumières de
la doctrine catholique, voilà les armes avec lesquelles
il faut faire le tour du monde pour l'amener à la capitulation d'où sortira son salut.

Lorsque les enfants de Jacob étaient pressés par les
Madianites, hommes terribles dans la guerre, le peuple, comme aujourd'hui, comme au temps de Josué,
se décourageait. Non seulement le peuple se décourageait, mais les soldats eux-mêmes, les soldats! refusaient d'aller à l'ennemi. Que fit Gédéon? Gédéon laissa

le peuple à son atonie et les soldats à leur lâcheté ; il se contenta de trois cents volontaires, capables de puiser de l'eau avec la main sans tomber à terre ; mais, à ces volontaires, il remit des lampes, et, avec ces lampes, il mit en déroute les guerriers de Madian. Nous aussi, avec les flambeaux de la presse, avec les lampes de la librairie, nous devons faire reculer le Madian de la révolution.

Lorsque Antiochus poursuivait, par la violence, la corruption d'Israël et voulait amener les Juifs à l'idolâtrie, vivait un prêtre nommé Mathathias. Ce prêtre, voyant l'abaissement du peuple, la désolation de la cité sainte, l'abomination dans le temple, les vieillards massacrés, les jeunes gens frappés par le glaive de l'ennemi, déchira ses vêtements, se couvrit d'un cilice et poussa un grand pleur. Lorsque vinrent les réquisitionnaires d'Antiochus, beaucoup du peuple d'Israël s'approchaient, de leur plein gré, des images des faux dieux. Mathathias et ses cinq fils restèrent debout avec constance. « Même quand tout le monde, même quand toutes les nations obéiraient à Antiochus, disait Mathathias, moi, et mes fils, et mes frères, nous obéirons à la loi de nos pères : *Et si omnes gentes obediunt, ego, et filii mei, et fratres mei, obediemus legi patrum nostrorum.* Que Dieu nous soit propice ; il ne nous est pas *utile* d'abandonner la loi et les justices de Dieu. Nous n'écouterons pas les paroles du roi, nous ne sacrifierons pas, nous ne violerons pas les préceptes de la loi : *Propitius sit nobis Deus ; non est nobis* UTILE *relinquere legem et justitias Dei* [1].

1. I Macchab. ii, b.

Il ne nous est pas *utile* d'abandonner la loi! Et pourtant, prêtre de Juda, si vous abandonniez cette loi proscrite, vous obtiendriez immédiatement les grâces du persécuteur; au contraire, si vous repoussez ses injonctions, si vous êtes réfractaire à ses volontés, vous n'avez en perspective que la mort et d'horribles supplices. C'est votre utilité manifeste de capituler; vous trouverez, dans la capitulation, la paix des vieux jours, les plaisirs, s'ils vous plaisent, les richesses, si votre cupidité les agrée, les honneurs, ce qui plaît toujours aux âmes frivoles. Comment peut-il être utile de renoncer gaiement à tant de biens, pour le plaisir de se faire massacrer?

Oui, il est utile; oui, il est nécessaire, même pour cette vie, de rester fidèle à Dieu. C'est le seul moyen de sauver son âme et d'affranchir sa nation. Du moins, Mathathias le crut, avec une si forte foi, qu'il tua, de sa propre main, un Juif et un envoyé d'Antiochus, en Modin, sur l'autel même des idoles. Puis, poussant le cri de guerre : « Que quiconque, dit-il, a le zèle de la loi, fasse son testament et me suivre : *Omnis qui zelum habet legis, statuens testamentum, exeat post me.* Et il sortit, lui, ses fils, ses frères; ils prirent par le désert et gagnèrent les montagnes. L'exemple de Mathathias enfanta des héros. Tous ceux qui cherchaient le jugement et la justice, le suivirent; les indécis, les incertains, les faibles, les pusillanimes suivirent, à leur tour, peut-être en gémissant, l'exemple des plus forts; un moment vint où, par le juste entraînement d'un pieux enthousiasme, les enfants et les femmes, *et filii, et mulieres*, rejoignirent dans les

montagnes l'armée d'Israël. Ce fut le commencement
des Macchabées, la dernière aurore d'indépendance de
la Synagogue. Exemple mémorable qu'il faut toujours
rappeler à tous les peuples persécutés dans leur foi.
Aussi bien, pour citer une consigne des Macchabées,
mieux vaudrait encore, si l'on est vaincu, mourir
dans la guerre, que de voir les maux de sa nation et
l'ordure dans le Saint des Saints.

Mathathias ne survécut pas aux préparatifs de la
guerre. Le vieillard mourant disait à ses fils ces paroles qu'il faut rappeler dans leur instructif détail :
« Maintenant disait-il, l'orgueil s'est fortifié sur la
terre ; Dieu permet ses triomphes pour nous châtier ;
nous pouvons y périr ; mais nous pouvons aussi nous
enflammer des colères d'une juste indignation. Soyez
donc, ô mes fils, à cette heure critique, les zélateurs
de la loi ; donnez vos vies pour le testament de vos
pères et souvenez-vous de leurs œuvres dans tous les
siècles. Est-ce qu'Abraham, fort dans l'épreuve de
l'amour paternel, ne vit pas sa fidélité imputée à justice ? Est-ce que Joseph, passé sans atteinte au feu de
la tentation, ne devint pas le maître de l'Egypte ? Est-
ce que Ophni et Phinéès, brûlant de zèle pour la gloire
de Dieu, ne reçurent pas l'honneur d'un éternel sa-
cerdoce ? Est-ce que Josué, fidèle aux ordres de Moïse,
ne devint pas le chef d'Israël ? Est-ce que Caleb, en
rendant témoignage dans l'assemblée du peuple, ne
reçut pas un riche héritage ? Est-ce que David, par sa
miséricorde, n'acquit pas le trône pour les siècles ?
Est-ce qu'Elie, en récompense de son prosélytisme dé-
vorant, ne fut pas enlevé au ciel ? Est-ce qu'Ananie,

Azarias et Misaël, par leur foi, ne furent pas délivrés des flammes? Est-ce que Daniel, dans sa simplicité, ne fut pas arraché à la dent des lions? Méditez ces exemples : *Et ita cogitate.* Ceux qui espèrent en Dieu ne sont point confondus ; ne craignez point la parole des pécheurs ; parce qu'ils ne s'attachent qu'à la terre, leur *pensée*, politique ou autre, doit périr ; s'ils s'élèvent aujourd'hui, ils tomberont demain ; leur gloire n'est qu'un ver pendant qu'ils vivent, et, après leur mort, un opprobre. Vous donc, mes fils, fortifiez-vous ; marchez en soldats de Dieu ; sous sa loi vous conquerrez la gloire ; plus tard, vous recevrez une gloire plus grande et un nom éternel. »

Tel fut le testament de Mathathias. Ce fut aussi, dans des circonstances analogues, le testament de Carnandet. Antiochus est à nos frontières et dans nos cités. On nous poussera peut-être demain à l'apostasie. Aujourd'hui donc, autour de cette pompe funèbre, lions-nous par un pacte fraternel et devenons, pour la presse, les soldats de Dieu : *Jungamus dextras.* — Pour être un Simon Macchabée, *vir consilii,* un homme de juste conseil, il suffit de la foi ; pour être un Judas Macchabée, un paladin de la plume apostolique, un homme fort, *fortis viribus,* il suffit de la loi du Seigneur. Si nous arborons fièrement nos étendards, nous amènerons à nous tous ceux qui ne veulent pas apostasier : *Factores legis* : tous ceux qui, avec des fidélités diverses, mais avec une égale résolution, veulent rester serviteurs du Christ, aujourd'hui le seul ami des Francs. Quant aux malheureux que nous combattons, nous ne voulons pas les extermi-

ner, mais les convertir : *Retribuere retributionem* :
c'est un triomphe que nous voulons leur assurer par
une défaite. Debout, croisés du Christ ; et, unis par
un pacte de combat, appliquons-nous à tous les
préceptes du Seigneur : *Intendite in præceptum legis.*

En prenant de viriles résolutions, nous ne ferons
qu'exécuter le testament de notre cher défunt et continuer son ouvrage. En des temps qui réclamaient
peut-être de moindres efforts, il a été, ce cher M. Carnandet, vous le savez maintenant, par la science, un
préparateur des conquêtes de la foi, et, par tous ses
travaux, un apôtre : un apôtre par le journal catholique ; un apôtre par les vingt revues savantes qu'il fonda
pour appuyer les feuilles militantes ; un apôtre par les
pièces inédites qu'il tira des archives pour combattre
les préjugés et honorer la civilisation chrétienne ; un
apôtre par ces innombrables volumes dont il fit ou fit
faire de splendides rééditions ; un apôtre enfin par ses
conseils dans les congrès et ses actes dans les cercles.
J'ai dit un apôtre dans la vie civile, un laïque ayant une
âme sacerdotale, un chrétien qui donna sa pensée, qui
la prodigua, qui eût ajouté son or, s'il en avait eu, son
sang, s'il eût fallu le verser, pour défendre la civilisation lâchement attaquée par des sophistes, qui con-
sciemment ou non, fraient la voie aux bandits vomis
sur la France par les rivages, bientôt déserts, de la
Nouvelle-Calédonie. — Mais, patience, on repeuplera
un jour, bientôt, peut-être, ces déserts avec des religieux, avec des prêtres et des fidèles, dont on voudra,
comme aux beaux jours de Billaut-Varennes, désoler
la vertu. Ne nous affligeons pas trop, du reste, de ces

perspectives ; le bon grain n'a rien à perdre sous la meule et la place du raisin mûr est sous le pressoir. Que si, comme je l'espère, nous nous résolvons à combattre les saints combats, à lutter fortement pour la défense des foyers et des autels, que ce ne soit point seulement par intérêt, mais par bravoure, mais en esprit de foi, mais avec le courage allègre des premiers soldats du Christ. On se bat d'abord ; après, on sait mourir. Or, je crains que, jusqu'à présent, nous ne nous soyons par assez battus. En désertant le champ de bataille, nous avons cédé la victoire à l'ennemi ; et s'il a prévalu jusqu'à présent, c'est parce que nous nous sommes désintéressés de l'action. De grâce, ne nous abusons plus sur les mérites du vainqueur. De longue date, je les connais, tous ces géants du philosophisme et de la politique. Dès ma première jeunesse, je me battais à l'arbalète avec les plus forts et j'en ai vu trembler sous mes projectiles. Leur grandeur ne vient que de ce que nous portons la tête basse ; relevons nos fronts trop courbés, nous les verrons s'amoindrir comme les fantômes d'un rêve. A la première flèche qu'il nous plaira de lancer, nous les verrons frémir sur leur char de triomphe ; au lieu de monter au Capitole, ils seront bientôt précipités de la roche Tarpéienne. — Je n'évoque ces souvenirs que pour expliquer ma pensée et je ne produis ces faits que comme des symboles. Je n'entends bien prêcher, ici, que la croisade de la charité.

J'ai fini, messieurs, pardonnez-moi ces instances ; je les ai crues nécessaires à votre salut et au salut de la patrie. Je ne vous livre, du reste, que le testament

d'un ami, ses paroles suprèmes, les dernières que
nous ayons échangées avant son dernier soupir. S'il
pouvait se réveiller de son sommeil, se relever du
fond du tombeau, c'est l'exhortation qu'il vous adres-
serait. En passant sur mes lèvres, cette prière n'est
que la traduction de ses vœux, la formule de ses espérances. Que si vous pensez que cette promulga-
tion sacerdotale, en présence des autels, augmente
leur crédit, je ne m'y oppose point; je le souhaite
plutôt, et même, je le crois. Mais enfin ne vous eussé-je lu que le testament du cher défunt, comme
Antoine lut au peuple romain le testament de César ;
comme Mathathias, Gédéon et Josué le dirent à leurs
soldats, je ne tiendrais guère moins à ma prière. Oui,
messieurs, venez au secours de la presse; venez au
secours de l'imprimerie et de la librairie catholiques ;
venez au secours de tout ce qui vous tend la main au
nom de l'Eglise et réclame votre assistance, au nom
de la patrie [1]. C'est votre délivrance, messieurs, c'est

1. L'application pratique de ces vœux consisterait : 1° A former,
entre catholiques militants, pour la défense *locale* de l'Eglise et de
la France, une sorte de *Ligue du bien public*; 2° à associer, pour en
atteindre le but, la pièce de cinq francs avec la plume; 3° à publier
des brochures, dans la Haute-Marne, en s'attaquant persévéramment
aux auteurs de son marasme actuel ; 4° à soutenir, à Saint-Dizier, no-
tamment, l'imprimerie Carnandet, les catholiques devant penser que
s'ils ne la gardent pas à leur service, elle pourra passer en des mains
ennemies ; 5° à lui accorder de préférence tous les travaux à effectuer, la morale catholique ne permettant sous aucun prétexte, aux
catholiques, de soutenir de leurs encouragements et de leurs comman-
des, des œuvres hostiles à l'Eglise. Passer des vivres à l'ennemi est une
trahison. Pour nous, si nous n'avons pas confié à M. Pérottin, l'im-
pression de cet écrit, c'est que nous avions donné, à l'honorable im-
primeur, de quoi l'absorber, et que, voulant publier promptement cet
opuscule, nous ne voulions pas distraire M. Pérottin de ses pressants
travaux.

la délivrance du pays que nous affranchirons, grâce à
vous, des servitudes de Moab, des injures de Madian
et des persécutions d'Antiochus.

Et maintenant, cher frère, voici venir l'heure cruelle
du dernier adieu.

Adieu au nom du Pontife Romain dont vous fûtes
le chevalier jusqu'au dernier soupir; adieu au nom
de notre évêque qui aimait à vous bénir et à vous en-
courager; adieu au nom de ses vicaires généraux qui
appréciaient noblement vos services; adieu au nom
de tous les prêtres, qui tous vous connaissaient, que
vous avez obligés si souvent, et avec qui vous viviez
comme un enfant de la famille sacerdotale. Quelle
que soit la destinée que les révolutions nous pré-
parent, la tombe ne créera pas l'oubli : nos bibliothèques garderont vos livres et nos autels recom-
manderont à Dieu votre mémoire. Votre esprit de
prosélytisme, votre zèle, votre dévouement vivront
dans nos souvenirs; j'ose dire qu'ils grandiront encore comme pour continuer vos ouvrages par delà
le tombeau. Oh ! oui, ces prêtres qui vous regrettent,
et qui se presseraient tous dans ce sanctuaire, s'ils
en avaient eu la possibilité, ces prêtres vous appartiennent à la vie, à la mort: à la vie, par la recon-
naissance, par la prière, par les fortifiantes pensées;
à la mort, par l'espoir de vous retrouver un jour
en possession de l'éternelle récompense.

Adieu, cher frère, au nom de ces religieuses qui font
à votre catafalque une garde d'honneur; au nom de
ces religieux, de ces frères de la doctrine chrétienne,
si misérablement tourmentés, qui partageront avec je

ne sais plus quel empereur de Rome, l'honneur ina-
missible d'avoir multiplié les bienfaits et l'honneur,
plus triste, de ne rencontrer guère que l'ingratitude.
Vous les aimiez surtout dans la disgrâce ; ils vous le
rendent dans la mort : c'est justice.

Adieu, cher frère, au nom des généreux chrétiens,
membres des congrès catholiques; vous leur portiez
de sages conseils ; vous mettiez à leur service, un
admirable esprit de conceptions pratiques ; ils ne vous
oublieront pas dans leurs prières; c'est un juste retour à vos bons conseils.

Adieu, cher frère, au nom de ces innombrables ouvriers à qui, par les créations de votre pensée, vous
avez fourni le pain du travail. Dans votre courte existence, vous avez été l'un des grands pourvoyeurs de
la presse. En multipliant les livres, les revues, les
journaux, vous avez multiplié les labeurs; c'est par
millions qu'il faudrait en supputer le chiffre. Les millions allaient d'abord aux mains des compositeurs,
imprimeurs, brocheurs, relieurs, libraires, et toute
l'armée des serviteurs du livre. Ces ouvriers vous devaient leurs moyens d'existence, les ressources plus
abondantes dont vous ne profitiez guère vous-même.
Au nom de tous ces ouvriers, absents la plupart, mais
reconnaissants, profondément reconnaissants, je le
sais, je vous remercie.

Adieu, cher frère, au nom des éditeurs ; au nom des
Cavaniol, des Palmé, des Gauthier, des Maître, des
Plon, des Hachette et d'autres, car il en est bien peu
que je ne doive citer, si je rappelais tous ceux dont
vous avez été le servant littéraire, l'homme à l'inépui-

sable plume. En leurs noms aussi je vous offre l'hommage d'une profonde gratitude.

Adieu, cher frère, au nom de cette grande quantité d'auteurs dont vous fûtes, à des époques diverses, le nourrisson, l'émule ou le maître. Vous ne pouviez pas cacher vos mérites ; vous ne saviez pas exciter la jalousie. Tous les auteurs étaient vos amis, parce que vous aviez, pour tous, un sentiment vraiment fraternel ; ils seront, après les vôtres, vos défenseurs, s'il en est besoin, devant les hommes ; vos intercesseurs auprès de Dieu.

Adieu aussi en mon nom, cher maître, s'il m'est permis de venir après tous les autres, car je n'ai jamais oublié ce que je vous dois et je me plais à le proclamer ici. Après Thomas Gousset, archevêque de Reims, cardinal-prêtre de la sainte Eglise, vous avez été mon maître et mon père. Nous vous devons une grande part de ce que nous sommes ; nos entrailles s'émeuvent, notre cœur s'endolorit à le penser. Nous vous disons adieu, et à bientôt. La vie est la séparation de l'âme et la préparation de la mort. En marchant sur vos traces, nous ferons en nous ce discernement des esprits qui est le devoir et l'honneur de la presse ; en vous gardant nos fidèles sympathies, nous penserons aux jours anciens et aux années éternelles. Nous garderons de vous cette image douce et souriante qui embellissait notre presbytère ; et lorsque seront venues pour nous les heures d'angoisses, lorsque sonnera l'heure du dernier combat, nous aimons à nous persuader que vous vous inclinerez vers nous, du sein de Dieu, comme une apparition de grâce et de miséricorde.

Adieu, cher frère, adieu au nom de votre épouse en pleurs et de vos enfants en deuil... Mais de quelles expressions me servir pour exprimer cet adieu, et pouvons-nous seulement penser qu'une enfant et une mère, à genoux sur la tombe d'un père et d'un époux, puissent jamais proférer une telle parole?

Mais qu'ai-je dit? Adieu!... c'est la parole des affections, souvent passagères, et destinées, paraît-il, à finir avec la vie. Je veux croire que si elles se brisent un instant, c'est pour se renouer. Quand deux âmes se sont rencontrées ici-bas dans l'embrassement d'une commune tendresse, et qu'elles se voient forcées de se quitter pour toujours, elles se pressent, elles s'étreignent, et, échangeant un regard douloureux, elles laissent tomber, de lèvres tremblantes, le triste adieu. Notre tristesse est assez profonde pour emprunter un instant cette langue de la terre ; mais notre foi, plus puissante, élève plus haut nos pensées et nos espérances. Nous possédons un plus riche idiome, nous professons de plus consolantes croyances, et c'est sur ces hauteurs rayonnantes de la foi que nous arrêtons nos esprits abattus... Nous vous disons donc adieu pour cette vie, au revoir pour l'éternité.

FIN.

IMPRIMERIE GÉNÉRALE DE CHATILLON-SUR-SEINE, J. ROBERT.